Ju Sul-Ja

시인 주설자

가랑잎은 당찬 유목이다

주설자 시집

가랑잎은 당찬 유목이다

시학
Poetics

■ 시인의 말

시는 인간과 세계를 잇는 미지의 푸른 끈이다. 그 끈에 달린 두레박으로 시인은 정신의 샘에서 맑은 언어와 시심을 길어 올린다. 이때 만물은 다시 생명력을 회복하고 황량한 세계는 숨을 되찾는다.

그동안 유치원을 운영하며 30년이 넘도록 유아들과 함께 생활하면서 틈틈이 시를 써 왔다. 고희를 넘겼지만, 시는 나에게 감사와 그리움의 기도이고 사랑하는 사람이자 마음의 친구이다. 시는 많은 대상들과 소통하게 하고 삶의 시련을 견뎌내게 하는 스승과 같은 존재임을 느꼈다.

이번에 두 번째 시집을 내 놓는다. 부끄러움이 앞서지만 가파른 고개를 넘어오듯 힘들게 쓰인 작품들이다. 그래선지 삶에 대한 깨달음도 많이 얻을 수 있었다. 이 깨달음을 늘 마음 속 깊이 간직하며 살아가고 싶다.

해설을 써 주신 김재홍 교수님, 머리 숙여 감사드립니다. 또한 이 시집을 펴내 주신 도서출판 시학사 가족들께도 고마움을 전합니다.

2015년 6월

주설자

차 례

제1부 둥근 돌은 빛난다

제2부 눈의 설법

제3부 겨울 흰 꽃

제4부 바람의 껍질을 읽다

제1부
둥근 돌은 빛난다

봄의 소통

뿌리들이 웅크린 땅속
새순을 밀어 올리는 소리 들렸다
찔레의 가시도 아프게 부어오른다
아지랑이 그림자 걸릴 때
당신이 누운 땅 위를
간지럽게 긁는 초록들
땅 위에 있는 내게
땅속의 당신은
외롭다고 보고 싶다고
뾰족한 초록 새싹을 밀어내는 것이리

겨울, 허기진 들짐승들이
여기서기 찍어 놓은 발사국에
햇살 닿아 곧게 펴질 때
땅속 봄이 데려온 초록은
소통의 시작이다

흙에 바친 사랑

웅크렸던 자루 속 감자
검붉은 혈서를 몇 번이나 썼을까

이른 봄날
씨눈마저 도려내어
대지의 흙에게 바친

뿌리 옆에 매달려서
다시 자신의 집으로 돌아가는 길
생의 길은 멀기만 한데
그대 붉은 혈서가 녹아
흰 꽃을 흐드러지게 피워 올린다

둥근 돌은 빛난다

몸 닳아지도록 구르고 굴려도
끝내 진주를 꿈꾸진 않았다
세월의 비바람 할퀴고 간 자리
까만 살갗 겉보기는 반질하다
사는 것이 힘들어도
서로 상처를 보듬고 쓰다듬다 보면
모나지 않는 둥근 모습인 것을

아무런 욕심 없이 뜰에 가져다 놓은 돌들
화단에 놓고 보니 내 마음의 귀에
먼바다의 해조음 들려오는데
모래가 파고든 흠집이
눈이 되고 귀가 되는 순간
썰물과 밀물의 얘기를 가슴에 품고서
둥근 돌은 진주가 아니어도 더 빛난다

물의 속삭임
— 운곡 습지

너무 외로워
요동치는 마음을 내려놓으려
운곡 습지에 갔다
더는 흘러갈 수 없으면
거슬러 휘감아 안아 버리는 법을
습지에게 물어야겠다

순한 소의 눈동자 닮은 물의 가슴 안쪽
동심원이 거듭 일어나고
여름 한나절 되어도 차가운 내 손을
그대 품에 잠깐 넣어 본다

별밤이 물고 온 이슬을
머리에 얹고 서 있는 물풀들
진흙에 얹힌 물총새 발자국에서
그대가 내 사랑을 해독하려 할 때

그저 풀잎처럼 흔들리고 싶었다

흔들림이 남긴 자리마다
아픔을 태워 버린 지난밤 별의 잔해들이
풍덩풍덩 습지의 중심에 떨어지고
홀로 나룻배 한 척 노 저으며
물의 속삭임을 듣고 싶었다

가랑잎은 당찬 유목이다

오솔길 거닐다 발아래 밟힌 것이
허무가 아님을 알았다
아니, 그렇게 말하는 가랑잎을 만났다
일에 쫓기며 눈감고 살아온 날들
이제야 여행을 떠나는 것이라
시리도록 당찬 유목의 꿈을 보았다
밟혀서 이리저리 부서지면서
또 다른 나무에게 꽃을 피우게 하고
열매를 맺게 해야 한다는 가랑잎의 말을 들었다
온몸 뒤집으며 붉게 물들던 사랑앓이를
발을 가진 당신이 기억해 달라며
흙 속으로 스며드는 가랑잎도 있었다
흔적엔 미련이 없어야 한다는 사실을
호미 거머쥐고 인생의 밭 일구던 나
안개 속 길을 걷다
깨달았다, 머문 시간이 길면

이유 없이 떠나야 할 길을 떠나야 한다
길 위에 가랑잎은 한 채의 게르*였다
지붕은 하늘이 보여 언제쯤이라도
새로운 행성으로의 이주를 꿈꾸게 했다

* 게르 : 몽골 유목민의 집.

곶감

너는 쓸쓸한 맨살
죽은 만큼 쓰리고 아파도
참아야 하는 운명 속에 마르는 몸
우듬지에 매달린 채 끝끝내
빚어낸 사랑의 감격
구름 따라 먼 길 떠나기 위해
준비하시던 할머니
오늘은 저것 좀 보아라 하신다
떫은맛 가라앉히고 나서
처마 밑에 매달린 눈빛은
할머니 얼굴처럼 한결 푸근해졌다
고향 마을 일가친척들
그 착하고 다정스런 마음들이
모두 한 줄에 꿰어져
매서운 겨울바람을 녹이고 있다

내려놓자

무겁게 껴안고 있던
모든 것들을 다 내려놓자
산봉우리를 향해 숨 가쁘게 올라선
마음 다 내려놓자
사랑은 더 큰 사랑을 위하여
나를 아낌없이 내려놓을 때
소금처럼 빛나겠지
진정한 사랑이 무엇인가를
눈 뜨고 보니 어느 한 가지도
내 것이 아님을 아는 순간
시간의 물살이 다 흘러가 버렸다
모든 것은 사라진다는 것도 알았네
남몰래 혼자서 가슴에 묻어 버린 눈물
잔잔하게 행복했던 세월들도
모두 사라진 뒤에야 알겠네
다 내려놓으니 저만치서
웃는 내가 보인다 내려놓자

민들레에게 배운다

금 간 시멘트 포장길
틈바구니에 핀 민들레에게
꽃 피우기까지의 이야기를
시린 귀로 듣는다
뿌리 자리가 비좁지 않느냐고
내가 묻자
먼 곳에서 묻혀온 소식을
바퀴들이 전해 주는 이곳
길옆이 가장 좋은 자리임을
소곤소곤 들려주는 민들레
가끔 빗물이 날라다 주는 물로
목 축이고 산다는 민들레
벅찬 끈 놓을 수 없었던 나는
살아 있는 것이 다 희망이 아닌
생존의 궁핍한 조건일지라도
저 꿋꿋한 민들레 앞에서
욕망은 하찮은 것임을 배운다

꽃을 피우는 것이
나의 희망이다

들국화의 삶

흐르는 시간 속에 빠져 버린 나
얼마나 뜨거웠던가
내 생의 깊은 곳에 스며 있는 흔적들
뒤돌아보면 그것은
울부짖음이었다

불거져 나온 정맥
내면의 뿌리는
바람에 흔들리는
중년의 갈등을 잡아 주고

잎맥만 남은 앙상한 손잔등 위로
또 가을이 덮여
손톱 같은 반달 떠 있는 어느 골짜기로
마른 잎새는 흩어져 가련가

아직은 가슴 뜨거운데
나는 꿈을 품은 보랏빛 국화
바람 불고 무서리 내려도
향기로운 날개를 활짝 펴련다

잔디 · 1

연약한 잎으로 끈질긴 힘줄 뻗어 낸다
튼튼한 뿌리를 내린 언덕
결코 쓰러질 수 없는 것이다
봄이 오면 땅 위에
파란 자리를 펼쳐 보지만
바람이 드세면 이웃의 발목을 잡고
쓰러지지 않으려 한다
절망이 예감될 때는
더 많은 씨앗을 매단 잔디
사랑은 왜 낮은 곳에 있는지
서로에게 물어볼 일이다
바람에 맞설 수 없을 때는
낮게 낮게 엎드려야 한다는 것도
이제야 알았다

잔디 · 2

꽃 피우라고 열매 맺으라고
누군가 말하지 않아도
뿌리는 스스로 흙 속에서
거친 돌멩이 사이로 뻗어간다
바람이 작은 키를 흔들어 대거나
어깨동무한 것을 장맛비가 풀려 해도
땅속에서
서로 맞잡은 힘은 무너질 수 없다며
온몸으로 버티고 있다

운석의 고백

나는 지금 가슴이 울렁인다
세상에 둘도 없는
나의 실체를
누군가 가늠해 보려 잣대를 들이댄다면
나는 어떤 빛깔일까

얼마만큼의 불순물이 있음이
나를 나답게 한다면
광란의 몸짓
세상 사람들 앞에서만은 눈부시게 떨어지며
순간의 빛을 피워내려고
애쓰는 내 마음 알까

어두운 밤하늘을 스치는
나의 밝고 긴 꼬리
구름 속에도 비의 눈물이 감춰져 있듯
이 빛무늬 속에도 아픔이 스며 있음을

세상은 모를 것이다

고단한 사람들, 그 삶의 무게를
사랑의 빛과 열기로 다 태우고 싶은데
허공을 스치는 눈부신 빛

오늘밤은 이 빛을
세상 모두에게 전해 주고 싶다

빗방울론論

그들은
어떤 사전 약속조차 없이
부랴부랴 만나게 된 것이다
서로의 얼굴 마주 보며
뜨거운 소리 마냥 질러 대는 것이다
땅과 하늘이 껴안는다고
온 세상을 향해 마구 소리치는 것이다
하지만 눈여겨보는 이 아무도 없다
심심해진 빗물은
마른 풀의 발등을 찾아가서 적신다
저녁나절 종소리처럼
은은하게 퍼져 가는 가로등 불빛
그 비좁은 부챗살의 틈과 틈으로 바라다보는
빗줄기는 얼마나 아름다운가
사랑하는 사람들을 싣고 달리는 열차의 지붕 위로
마구 부딪쳐 튕겨지는
저 빗물 소리는 얼마나 정겹고 아늑한가

종일토록 창밖을 내다보며
귓전의 빗소리를 들으며
나는 쓸쓸한 내 마음의 천장에서 뚝뚝 떨어지는
빗물을 받으려고 양은그릇 받쳐 둔다
살아온 날들은 그저
쓰리고 아픈 세월의 연속
내 낡은 추억의 조각보 위로
빗물은 떨어져 내려
깊은 슬픔의 둑을 조금씩 허물고 있다

카네이션

딸아이가
가슴에 달아 주는
카네이션 물끄러미 보노라니
내 어린 날 듣던 앞마당 닭 울음소리가
문득 귓전에 들려오네
힘든 고택 살림 잘 견디고
홀로 꿋꿋이 살아오신 어머님께
나 오늘 아기처럼 재롱도 부려 보네
언제였던가
저녁나절 지붕에 걸린 노을이 그러하듯
연한 살점이란 살점 다 자식에게 모조리 떼어 주고
서둘러 이승 떠나신 한참 뒤에야
나 그 큰 사랑 느끼네
이승에선 도저히
그 사랑 못 갚는다는 걸 느끼네
가슴의 카네이션을 보노라니
푹 고아 낸 씨암탉을

아침 인편에 솔째로 보냈다던
어머니의 그리운 음성이
지붕 너머로 들려오네

어떤 수화
— 매미

왜 숲을 떠나왔을까
내 방의 방충망에 매달려
손짓으로 수화를 보내는 저것
이 밤을 같이 보내자는 것일까
나의 하룻밤이 그에게는 백 년의 밤일까
이 순간이 무한인지
무한이 순간인지도 모를 일을
네가 밖에서 내가 안에서 밤새 나눈 수화는
칠십을 쌓아 온 나의 일기보다 자욱하다

나를 보는 그의 눈이
세월이 스쳐 간 이 살갗 속 인간 본능을
다 읽어 버리기라도 한다면
어쩌나, 모퉁이에 걸어 둔 내 영혼의 등불은
그에게 한없는 그리움인 것을
마음 한 자락 비추어
풀 먹인 모시이불 그에게 덮어 주고 싶다
새벽 공기가 차가울 텐데

제2부

눈의 설법

보랏빛 묵상

천지는 이렇게 넓은데
키 작고 조그만 제비꽃
제 모습 낮추며
반 뼘도 차지하지 않는
너의 뿌리는 보랏빛 묵상
나무 그늘 아래서
햇살 한 조각으로
꽃 피우는 너는
겸손의 묵상기도

그대 떠나는 날
— 잔설

반 평도 안 되는 응달
겨울 가지 아래 쪼그리고
앉아 있는 잔설
아쉬움 많아 떠나지 못할까
개나리 가지에도 꽃샘바람은 몸 비벼 대는데

자꾸만 작아지는 그 순백의 육신
천지를 하얗게 덮던 풍요는 멀어져 가고
긴 겨울밤의 사랑도 지나고 나면
세상은 다시 초록으로 물들기 시작하련만
흙먼지 쓴 너의 모습
세상 미련이 그렇게 끈적하더냐

네가 누워 있는 겨울 벌판
그 흙의 따스한 자궁에서
머지않아 봄이 오면 눈 뜰 새싹이
태어날 눈자라기로 앉아 있을 텐데

닳아버린 바퀴

얼마를 달리고 달렸을까
빈 공터에 버려진 자동차 바퀴 하나
한때는 팽팽하던 젊음의 탄력도
시간의 먼지 속을 헤쳐 가며
세상 험한 길 온몸으로 부딪치느라
때로는 질주하고 때로는 상처도 났겠지

세월의 바퀴에 문양은 지워지듯
나의 기억도 닳았고
무엇을 보고 이 생을 달렸던가
돌아보면 덧없는 시간들
닳아버린 바퀴 둥근 원 안에서 맴도는
삶의 흔적을 조용히 반추해 본나

눈의 설법

사뿐사뿐 내리는 눈발 아래서
나는 어느 사랑을 보았다

소나무는 흩날리는 저 눈발이
사랑의 환희인 줄 알았으리라
솔잎마다 눈꽃 안고
또 듬뿍 안아 함박꽃 피웠다

나는 나무에게
순백의 위선자라고 말했지만
사랑의 기쁨도 환희도
뿌지직! 가지 부러지고서야
비로소 눈의 실체를 알았다

차디찬 눈물 흘려 본 자는
설해목 앞에 이르러
발걸음 멈추게 되는 것

부러진 나뭇가지처럼 나 이제
더는 아프지 않아야 하리

귀향 · 1

겉흙은 강한 햇볕에 그을린 빛깔
안으로 깊어질수록 분홍이다
곡괭이 날과 부딪힌 돌멩이는
이따금 날카로운 불꽃도 일으킬 줄 안다
가만히 생각해 보면
땅을 파는 일도 하나의 법칙
지상으로 끌려 나온 흙을 한참 바라본다
제 몸 버리고 마음까지 상해 가면서
길조차 잃고 허둥대면서
나는 여기까지 왔다

귀향 · 2

흙을 팠다
그 자리에 나무를 심었다
물을 길어 와 뿌리 위에 부었다
지금 나는 나무를 심지만
곧 돌아가리라
내가 심은 나무의 뿌리 곁으로
머지않아 돌아가리라
그러곤 누군가를 비옥하게 해주는 거름이 되리라
내가 키운 나무는 훨씬 키가 크고
넓은 잎을 흔들리라
비오는 날이면 빗방울이 잎에 떨어져
향기로운 소리를 내고 있으리라

강가의 나무

강가의 나무들은 가슴이 아프겠다
늦가을 물 위에 떨어진 잎들
강물이 데려가는 동안
물살을 나이테에 새겼으니
몸에서 빠져나간 슬픔들도
여럿 있었겠다
다시 잎이 돌아올 때까지는
부러진 뼈마디가 시리겠다
가고 있는 줄도 모르고 돌아올 수 없는 길을
물총새 울음 따라 달려온 내 생
연민도 미움도 품지 않음에도
흘러간 물 앞에 서면 이처럼 아린 것을,
지난밤에 꾸던 연분홍 장미 꿈도
언젠가는 떠내려가서
머리끝부터 발끝까지 아프겠지
노을 속 굴러온 돌들

너도 나도 아프다는 소릴 수없이 들었기에
어디론가 낙엽이 떠내려가는 것을 바라보는 나무는
다시 제 몸에 아픈 나이테를 새긴다
늦가을 저무는 강가 나무들은
강의 말에 가슴을 열고 있었다

차를 우려내듯

— 근희님께

녹차에 따뜬 물을 부어 사랑을 우린다
길 잃은 학생들에게 나누어 주기 위해
마른 잎을 사랑으로 펴낸다
하루를 펼친 마루에 앉아
차 따르는 특강을 하면서
공부하기 어려워 근심 짓는 아이들의
눈물을 고스란히 담는다
힘든 삶의 이야기라면 누구의 말이든
꺼내어 담는다
연탄재 버려진 달빛 아래 저 골목길도
모락모락 찻잔에서 길로 풀린다
그렇게 임이 걸어온 길은
어느 길보다 아름답다
학교역사관 만든다고 걱정을 하니
나도 도우마, 라고
내 손 당기며 속삭여 준 당신

가을에도 씨 뿌리는 자를 닮았다
임은 눈물이 아니라 사랑이었다

가을 숲 단상

툭, 하고 떨어지는 도토리
낙엽 건반 두드리면
꼬리 세운 다람쥐 달려 나오는 숲에는
발 빠른 누군가가 이리저리 뒤적인
푹 파인 비탈의 흔적이 보인다
어제 불던 바람은 스쳐 갔고
나는 오늘도 다시 불어올 바람을 기다린다
어쩌면 인생 같은
어쩌면 사랑 같은 것
이별 자리의 사랑자리가 그러했으리라

자란 키만큼 나무는 넉넉했고
나는 허기를 느낀 만큼 늙어 갔으리라
나무의 악보를 주워 들고 들여다보는데
정수리 아물어 때가 되었다고
떠나야 하는 순리를 읽어 버렸는데

또 다른 사랑이 어깨를 툭, 툭 치며
잠시 생각에 젖은 나를 일깨운다

지붕 예감
— 근혜 님께

당신은 지붕입니다
푸른 하늘에게 당당하게 읽어 줄
전기를 쓰는 기와지붕입니다
모진 눈길 걸어온 사람들을 품어주고
그들의 말을 새겨서 기와로 얹어 두면
새도 구름도 하늘도
절로 흥겨워할 경전이 될 것입니다
흙탕도 빙판도 그늘도 밟았으므로
당신이 지은 칸칸의 방들은 골고루 따스할 겁니다
철없는 아들들의 돌팔매질에도
당신의 품은 넓고 따스했으므로
한쪽 지붕에 아직 눈 녹지 않았다 한들
당신이 피워 내는 사랑의 온기에
봄은 머지않아 올 겁니다
이 땅 어머니의 어머니들이 그러했듯

당찬 말로 바람의 벽을 바르고
꼿꼿한 기둥으로 받치는 지붕
튼튼한 대들보 위에 당신이 얹을 기와는
천 년 또 천 년이 지난 뒤에도
하늘이 읽는 경전 같은 것이어서
몰려오던 먹구름도 멈칫
맑디맑은 공중정원을 비껴갈 것입니다
지상에 뿌릴 꽃씨를 가꾸는 정원
지혜의 책장을 펼쳐 얹은 지붕
그런 지붕이면 좋겠습니다

입김

누가 피워 올리는가
산과 들에 너울너울 봄꽃들
대기의 봄 입김은 꽃을 피우고
당신의 따스한 입김은
내 가슴에 사랑을 피운다

산메아리 지는 뻐꾸기 울음 속
청보리는 날로 푸르러 가고
봄의 가슴은 부풀어 오른다

사계절 아우르며 사는 세상
계절은 다음 계절을 위하여
옷을 입거나 벗곤 하는데
나는 누구를 위해
더우면 벗고 추우면 입어 보았던가

오, 누구의 가슴에 청보리 이랑을
심어 준 적이 있었나
그래, 이제 따스한 입김과
선한 눈빛으로
세상의 메마른 가슴들 보듬어 줘야지

국화차를 마시며

국화차를 마시는 것은
바위틈 홀로 흔들리던 외로움을
춤으로 익히는 것이다

어느 꽃들 시들어도
서리를 삼킨 고른 치아로
들려주는 가을 이야기

오랜 시집살이라도 버틴 듯
금 간 바위를 오래 붙들었기에
그윽한 향기 지녔다는 것을
아무에게는 말하지 않고
꾹꾹 목젖을 데워 누르는 것

나비 춤추던 봄의 의미를
내겐 묻지 말라 하는 꽃
다소곳이 꿇린 무릎으로 내민 손

지난날 베인 내 손끝 지문 상처에
오늘은 화로처럼 안기는 꽃

마른 너의 꽃잎을
찻물에 띄운 나는
외길로 선택한 사랑의 맛에
얼마나 청솔 같은 향기를 느끼는가

친정어머니

어머니!
마음속으로 불러 보는 그 이름
가슴이 찡하고 아린 전율 온몸을 감싸면
내 마음은 한사코 고향을 그리워한다

어릴 적 어머니 손잡으면
마음 든든하였던 기억
이제는 팔순의 어머니 이 딸이 옆에 있으니
입가에 환히 미소 머금으신다

받은 은혜 조금이나마 보답하려 하지만
물은 아래로만 흐르는 걸까
어머니에게 받은 기도와 은혜
자식들에게 흘려보내고
어머니의 그리움 내 가슴 풍선 되어
먼 하늘로 올려보낸다, 오늘도

겨울 풍경화

내 고향 성주의
얼어붙은 냇물
빙판의 오리들이
발 시리다
오리들이 혹한에 떨며
설화를 그린다

봄이 그리워
연둣빛 새싹, 꿈을 그린다
뒤뚱뒤뚱 걸음마다
겨울의 풍경화가 그려진다

은행나무 사랑

고향 집 뒤란을 지키는
오래된 은행나무 두 그루
그칠 줄 모르는 영혼의 교감이
사월이면 꽃을 피운다

마주 보고만 서 있어도 행복한지
바람이 옮겨 주는 꽃가루에
그리움을 노랗게 물들인다

도시 불빛을 걷다가
한 줄기 소슬한 외로움 느낄 때
문득 눈앞에 떠오르는 두 그루 은행나무
떠나와 사는 내게
어머니가 보낸 소포처럼
하나씩 잎을 떼어 낼수록 속은 따듯하다

서로 공생할 수 없는 슬픔은

도처에 있었다, 그럴 때마다
눈 내리는 겨울 동안은
뿌리로 서로를 껴안는 은행나무
굵어 터진 살갗 아래
움츠리고 잠들었을
동면의 슬픔들을 떠올린다

하늘로 가는 길

삶을 태운다면
영혼을 태운다면
어떤 색의 연기가 솟을까
사과나무를 태우고 나서
사과 닮은 불을 만나지
그 불의 아궁이 돌아 굴뚝에 가면
하늘로 둥둥 솟구치는 사과꽃 연기
편히 쉴 곳 찾아가는 길이
거기에 있음을 알았다
양보도 없이 세운 뜻
사랑의 꽃이란 이름으로
시야를 따갑게 매질했던 순간들이
비가 오고 바람이 부는 쪽으로
꾸역꾸역 솟구치고 있었다
연기가 그리는 하늘의 그림
그리움은 아픔으로 변할지라도

어화둥둥 머물다
풀어지는 길

제3부

겨울 흰 꽃

그대는 지금 참선 중

어둠 속
그대를 바라보는 눈길
나 멈출 수 없다

햇빛도 들지 않는 동굴
수억 년 묵언 중인 돌기둥을 보며
시간의 깊은 비밀에 놀랄 뿐이다

달의 뒷면 같이 어두운 동굴 속
개벽을 기다릴 순 없지만
오랜 세월 동안 천장에서 떨어지는 물방울이
메아리로 돌아와 키우는 석순

바위의 속살 깊이 눈물을 심는
불변의 사랑
석순은 지금 어둠과 물방울 소리에
깊은 참선 중이다

가을배추처럼

흰나비 살짝 발 내딛던 그림자
본래 기억하던 흔적의 그 자리
고희의 끈으로 가을배추처럼 살포시 묶으면
내 생애의 이 불면을 잠재울 수 있을까

일상의 울타리 밖에 서 있는 나
황혼의 내 나이를 잊어야겠다고
생각지도 말아야겠다고 다짐하지만
정수리엔 이미 무서리 내려 성성하다
하지만 첫서리 내린 그 자리가 생의 깊은 곳이라는 걸
혼자 되뇌며 지푸라기 보듬어 내 몸을 묶고 싶다

내 그리움은 노란 속고갱이에 절여질까
찬바람까지도 품어 버리는
비바람까지 다져 넣은 속잎에
흰나비 그림자가 희미하게 흔들리고

삶을 한 겹 두 겹 안쪽으로 다져 가는
배추의 속내를 닮고 싶다

등대

누구를 기다릴까
수평선 바라보는 등대는
희미한 사랑의 그림자 붙잡고
기억을 더듬으며 깜빡거린다
무수히 철썩거리는 파도에 닳아 버린 조약돌
시간에 절여진 인고의 세월이었나

해저 협곡 아래 묻어 놓은 내 젊은 순정
밀물이 거세게 밀려오는 날이면
그대 눈빛 나의 가슴에 짙게 남아
등대는 꼬박 밤을 새우기도 한다

나의 시간은 흘러가고
가는 만큼 마음의 모서리도 깎여 둥글둥글
어느 것 하나 미운 것 없으니
모래 한 알에서도

삶의 고통이 부서지고 다져져 있다는 걸
나는 백사장을 밟아 보고 알았다

겨울 흰 꽃

숲길을 혼자 서성이다가
갑자기 쏟아지는 폭설에 갇혀
오도 가도 못하면
나는 스마트폰도 꺼 버리겠다
하루쯤 오동나무에 연처럼 걸리고 싶다
천지가 백야로 고즈넉한 산간이면
나는 더욱 좋겠다

낡은 초가 흙벽도 무너져 내린 주막
낯선 떠돌이들과 막걸리 한 사발 나누며
잘 익은 통무 김치 안주하고
중추신경에 시동이 걸리면, 그래
밤이 이슥토록 술 내음 풍겨도 좋겠다

초저녁 문풍지는
잃어버린 사랑을 찾는 사람처럼

울다 잠들고
숲에서 윙윙대는 야생의 모든 소리도 잠잠하다

눈 내리는 삼경에 사랑도 고뇌도 다 버리고
홀로 나를 만나는 고요한 밤
겨울나무 가지에 흰 꽃이 피어나는
순백의 결정들 오, 나의 사랑인가
은세계로 빛나는 밤이여
이제 마음의 깊은 문 하나 열고 싶다

우물

깊고 어두운 통로는
우주로 통한다고 믿었다
외줄에 매달린 두레박이
벽의 모서리들을 치는 동안
자신의 몸 안쪽이 찌그러드는 것을
우물의 역사라 말할 때
어둠을 바라보는 내 눈은 번쩍!
구름과 해를 닮고 싶다는 생각이 들었다
밤이면 별과 달을 담는 그릇
모서리가 쪼그라든 나도 어느새
어머니가 되어 있었다
참외와 수박 보리밥 소쿠리도
당신과 나의 우물 속에 있었다
떠다니는 매화 꽃잎에
시린 빗방울이 보태져서
어머니가 더 그리워지는 날엔

어둠의 통로에 계신 어머니를
외줄로 쉼 없이 당겨 낸다

그대 눈동자

만남은 짧았고
이별은 강물이었다
강나루에 매어 놓은 나룻배 하나
내 가슴 한켠에 언제나
하얀 그리움의 돛을 달고
떠나간다

물안개 너머 그대 멀어지면
다시 내 가슴 깊은 곳에 떠오르는
그대 영혼
내 마음 울타리에 가두어도 될까요

어둠은 우리를 위한 고요인가
내 품에 안길 사람은
오직 당신뿐
그대의 까만 눈동자에서
잔잔한 기쁨의 강물이 흐른다

거미의 삶

바람의 터를 빌려 지은 집은 투명했다
안과 밖 없어 감출 것도 내놓을 것도 없는 집엔
오롱조롱 매달린 새벽이슬밖에
길손에게 내어놓을 것 없는 그의 빈집엔
아침 첫 햇살이 순은의 방울같이 매달려 반짝였다

여름 지난 그의 빈집 포충망
마른 낙엽 솔잎 두어 개 걸려 있어
내 연민의 눈빛이 닿았다

벌레 한 마리면 하루가 족했을 삶이지만
소용돌이로 엮은 독방의 기다림은
그가 살아가는 길
웅크림이 너무 깊었던 까닭에
그의 깊은 흔적만이 그물 속에서 흔들리며
마음을 비우고 살아가는 것이다

산막터 성산

만개한 진달래
아직 바람이 차가운 산비탈에서
봄을 피워 내었구나

송이송이 입 열고도
함부로 말하지 않는 꽃
연분홍 숨결로 혼불 지피는 것이었다
여린 꽃잎 손대면 금방이라도 찢어질 것 같은데
천 년의 내 님 같은 꽃
내 쓸쓸한 마음 문 열어 주고 있다

사는 것이 그늘이라고
가끔은 바람에 흔들리다가
혹은 사는 것이 행복이라고
행복을 생각하던 나에게
그늘도 행복도 이 순간은 모두 그리움으로 변한다

내 넋두리까지 인내하며 들어 주던
사랑하던 사람들은 떠나고
꽃에게 이별의 말들을 쏟아 놓으니
어느새 진달래 꽃잎이 연붉은 미소로
나를 위로하고 있다

빙벽의 세상을 벗어나

우리 함께 가요
머언 곳 야생의 사람들이 살던
원시의 밀림으로

비바람 가린 움막에서
탐스럽게 익은 온갖 열매와 과일을 먹으며
멀리서 들려오는 산짐승 울음소리
오직 자유로운 삶이 충만한 그곳을 동경하며

빼앗고 빼앗기는
빙벽 같이 위태로운 세상
그 욕망과 다툼을 훌훌 벗어 버리고
나무들과 친구 되어
거짓 없는 푸른 노래 불러요

대자연 속에서 우리의 먼지를 털어 버리고

돌부리 하나까지
풀포기 하나까지 어루만져 보며
숲이 지휘하는 관현악단에 맞추어
우리 같이 연주해요

배롱꽃 자리

당신은
배롱나무였습니다
그 나무에서도 가장 굵은 중심이었습니다
가지가 빠져나간 옹이 자리
그 옹이에 쌓인 눈을 바라봅니다
한참 바라보노라니
옹이처럼 홀연히 빠져나간 당신이 생각납니다
당신이 병이 들어
아들딸네 함께 모여 가족사진 찍던 날
분위기가 워낙 무거워서
사진사가 좀 웃으라며 짐짓 수선 떨었지만
정작 찍혀 나온 사진에는
모두들 울음 직전의 얼굴이었지요
그로부터 몇 해 뒤 당신은 아주 떠나셨어요
우리 집 배롱나무는
한중간 굵은 가지가 부러지고

남은 가족들 이제 어떻게 살아갈까
그동안 우리들은
한 그루 배롱나무 그늘에서 살았습니다
옹이 곁에 새로 돋아난 가지에서
꽃이 피었습니다
상처 자리에서 피어난 꽃은
오늘따라 더욱 처연하게 보입니다

거짓 사랑

어떤 나무든지
감고 위로 올라가는 칡넝쿨

가까이 다가올 때 나무들은
생의 첫 뜨거운
만남인 줄 알았을 것이다

잡초를 헤치고 바위를 지나
도화선같이 타 들어오는 눈빛
나무들은 사랑인 줄 알았으리라
가쁜 넝쿨의 숨소리는 거칠어져
본능적으로 휘감으며 몸 기댈 때
나무들은 정인 줄 알았으리

빙글빙글 돌며 몸 감을 때
윤기 흐르던 나무들의 잎사귀는 잠시
황홀했을 것이다

친친 똬리 틀며 나무들의 목을 죌 때
넝쿨의 속셈은 정도 사랑도 아니란 걸
알았다

연못 스케치
— 빌태 연못

산막터 빌태 연못 얼음 위
펑펑 눈이 내려

떨고 있는 청둥오리에게
펼쳐진 하얀 도화지는 깨끗했다
옹기종기 찍고 있는 종문이
귀퉁이에 남겨질 뿐

늙은 느티나무 허리 굽은 가지에 피어 있던
설화도 날아서 내려와
도화지는 더 두꺼워진다

얼음 지붕 아래 풀의 뿌리들은
실눈 뜨고 세상 밖을 엿보고 있다

판화를 찍어 넣은 오리의 발자국에서

머지않아 움틀 어린 새싹들이
물갈퀴 냄새 뒤에 숨어서 봄을 기다린다

산막터 빌태 연못 얼음 위
바람은 다시 하얀 도화지 위를 스케치하며
조용히 지나간다

동정녀 묘지

— 故 에노파 고모님께

어린 조카 상여 뒤에 앉히고
상여꾼 구성진 가락으로
냇물 건너간 고모가 있었다
굳어진 눈물은 단지에 숨겨
뒷동산 복사꽃에 취하던 당신은
굴뚝새의 눈빛을 닮아 갔다
찔레 넝쿨 속에 숨겨온 풋풋한 동정
본당 사제님 그리고 신자들은
산막터에서 성주읍내까지
줄지어 울며 따르고 있었다
남을 위해 헌신의 삶 살다간 당신
흔한 꽃무늬 원피스 한 벌
입어 보지도 못하고 든 무덤
고모의 꼿등에 이른 구름은
스르르 스르르 잘도 넘는다
죽어서도 당신의 묘지는 벌거숭이

듬성 나 있는 풀대궁 몇이 전부다
비가 알몸을 씻어 내기도 여러 번
풀 없는 무덤인데도 봉긋하다
번식의 씨방 키우지 못했어도
저 혼자 말라 가는 씨앗 같다
당신이 덮는 이불이란
송홧가루가 전부였다

아파트 유혹

명품을 선전하는 아파트 중개업자
엉덩이 큰 저 여자
밤 깊도록 전등불 밝혀 놓고
지나가는 행인의 눈길
애써 잡으려 한다면

그녀는 몸을 파는 여인
혹은 욕망의 노예일까

끈질긴 유혹에도 개미 한 마리
걸려들지 않을 때
스스로 쓸쓸해진 마음
꾹꾹 달빛이 처진 어깨를 짓누른다

분홍 갓등 아래서
꼬박 밤을 지새우는 이 시대의 탐욕들!

흔적

흑백의 사진 속
엑스레이에 비친
흰 갈비뼈는
지난여름 백일홍 꽃송이 붙잡고
소녀처럼 웃으시던 어머니다

아! 지금은 캄캄한 무덤에 계신 당신
삶에 지쳐 굽은 등은 가렵지 않은지요
발목은 시리지 않나요

방 정리하다 열어 본
누런 봉투에서
천만 년 후엔 모두가 화석이 되어 버린 채
시간의 벽에 묻혀 있을 것을 생각하니
멍하니 하늘 보다가 마음 쓸쓸해진 나
흰 구름 저쪽에서 웃으시는
어머니의 흔적을 가슴에 펴 담아 본다

제4부

바람의 껍질을 읽다

작은 소망

밤하늘 별들이
끝없는 허공에 메밀꽃처럼 피어 있다
불면의 밤
유자차 상큼함이 혀끝에서 감돌 때
고요히 즐기는 향내,
빈 의자에 앉아 지난 시간을 반추한다

밤마다 '나' 를 찾아 손을 내밀며
깊은 시를 쓸 수 있다면
나는 불면의 밤이라도 좋다
어두울수록 빛나는 별같이
밝은 시어로 세상을 비춰 보고 싶다
남은 시간들은 많지 않지만

이 밤 유자 향 같은 시 한 편을
조용히 남기고 싶다

홀씨의 꿈

골목길
보도블록 사이로
겨우 발 뿌리 내린 민들레
세상은 어지러워도 곱게 꽃 피운 민들레

원심의 농부가 일하던 밭둑
목 쉰 삶의 노래 불렀을 그곳,
모두 농부에게 내어 주고
좁은 바위 틈 비집고
민들레 한 송이 피어 있다
불평 한 마디 없다

삶과 죽음의 차이는 하얀 천 한 장으로
얼굴을 덮는 것인가
남의 것 탐낼 줄 모르고 살아가는
욕심 없는 민들레의 한 생애

그의 무심無心한 얼굴은
하얀 털로 가려져 있다

눈물의 홀씨 가슴에 품고
한생을 건너 하늘 어딘가를 향해
미지의 어느 땅에서 더 곱게 피어날 꿈을 꾸며
민들레, 하얀 수의를 입고
바람 따라 그렇게 먼 곳으로 날아간다

고단한 달팽이

수초가 웃자란 습지에 발목이 빠져도
댕댕이 넝쿨풀처럼 남에게
엉겨 붙어 살고 싶지는 않다고
느릿느릿 더듬이 세우고
자존의 몸 끌고 간다

기어 다닐망정 달팽이는
살아 있는 나무 수액은
빨아먹지 않는다 했던가

수성 동아백화점 앞에
두 다리 없는 아저씨는
달팽이다

고무천으로 감은 지느러미
차라리 물속이라면 물속이라면

푸른 습지라면 좋았을 텐데
오늘도 흙먼지 피어나는 구둣발 아래서
고무천 달고 지친 몸 이끈 채
한 번도 신어 보지 못한 신발 진열된 가게
유리창 올려다보고 있다

사막 같은 세상에
찬송가 울리며 축복을 가득 싣고
잡화수레 미는 아저씨는 고단한 달팽이다
하지만 두 다리로 걸어간 길보다
생의 의지가 더 아름답다

바람의 껍질을 읽다

단풍잎 하나
가지 끝에 매달려 흔들리고 있다

떠나기 싫어하던 당신,
붉은 눈빛이 거기 있다
세상이 온통 캄캄해지던 그날
이제 슬픔은 내 몫이라며
혼자 돌아서 울음 삼키던 나의 하늘,

찬 겨울은 아직 저 멀리에 있는데
왜 하필 당신이어야 하느냐고
바람아, 가냘픈 단풍잎 하나
그냥 내버려두면 안 되겠느냐고
몸부림치는 나를 오히려 다독이던 당신,
그 속울음 속에서 내 비통의 언어는
아무런 의미가 되지 못했던 시절이 있었다

하늘로 뻗어 올린 가지들 사이
이제 당신은 없고
뿌리 끝을 잡고 매미 허물 하나
아슬아슬 삶을 붙잡고 있다
몸이 빠져나간 자리는 윤회의 경전이다

손때 묻은 반죽

여러 번 번개를 삼킨
대추나무 홍두깨
뜨겁지 않은 시간은 삼키지 못하고
세월 묻은 먼지만 어머니의 지문을 지우고 있다

겨울 보리밭 같은 어머니의 삶
발 뿌리 더 아래로 내려야 했던 알뜰함에
작은 것 베풀며 살던 어머니

여름날 감나무 그늘 아래
칼국수 반죽 섞으며 이리저리 치대어

양팔의 반경만큼 밀어놓은 반죽들
멍석 위에 보름달은 훤히 떠 있어
달빛이 쏟아지는 나의 친정집

담 너머 이웃들 불러 모아

애호박채로 인심을 썰어 넣어
볼 넓은 대접마다 맨드라미 웃음 띄우던 곳
마당 넓은 평상에 칼국수 후룩후룩하던 곳
맨드라미꽃들은 다 지고
어머니 손에서 빚어진 반죽이
손때 묻은 묵주 알처럼
세월의 이력을 다한다는 듯
손때로 빛나고 있다

수양버들 사랑

아래로만 흐르는 물줄기를 보고
수양버들은 하심下心을 깨달았을까
갈대청마냥 웃자란 풍성한 가지 뻗어도
산막터 도랑가에
아래로 몸 낮추고 마음 낮추었다

도랑가를 흐르는 물이
버드나무 뿌리를 머리카락처럼 쓰다듬으며
천천히 흘러간다

십 년 세월이 흘러도
버드나무 뿌리가 썩지 않음은
아래로 몸 낮추는 버드나무를
사랑해서인가

언제나 부드러운 몸짓
땅 가까이 귀를 열고

수양버들은 작은 소리마저 다 듣는다

세찬 바람 불어올 때
맞서지 않고 바람을 달래며
오염된 물이 거품을 토하며 하소연하면
멀리 흐르다 보면 푸른 물이 된다고 달래어 준다

때로는 까마귀 날아와
전생의 업보로 평생 검은 옷 벗지 못한다고
후회하며 우는 날은 몸 기댈 가지 하나 내어주고
휘청휘청 머리 숙인 배려와 겸손
내 일찍 버드나무의 마음 배웠더라면
인생의 향기 더 잘 피웠을 것을

마지막 열차
— 임종 직전

애비는 이승에서 마지막 눈을 감기 전
혈육을 만나기 위해
그 아들을 기다린다

이승의 마지막 기차역
그러나 기다리지 못하고
애비가 열차를 탄 뒤에야 아들이 왔다

애비는 떠나기도 쉽지 않겠다
떠남의 절차는 꼬박 삼 일을 기다려야
영면행 차표를 받을 수 있다는데
검은 옷 입은 역무원은 보이지가 않는다
어딘가에서 긴밀히 망자의 이력을
뒤적이고 있는지 모른다

이쪽 대합실에서는 가족들의 울음소리

강 저쪽에는 찬송가 소리
저승으로 가는 어수선한 기로에 서서
배웅 나온 사람들은
도우미가 차려 준 음식 앞에서
떠나가는 이의 한 생애를 생각하며
슬픔의 어금니로 밥을 씹는다

희비로 흐트러진 자들의 신발들
망자의 마음까지 혼란스러운 장례식장
노령 연금 꼬깃꼬깃 모아 둔 것을
장롱 속 두고 먼 길 떠나려는 당신
진열된 화환에 갇혀 꼼짝할 수 없어
언제 어떻게 집으로 돌아가야 하나
망자는 고민을 한다

수의에 주머니를 깁다가

어느새 삼 일이 후딱 지나갔다
그제야 돈도 인연 줄도 핏줄도 툭툭 털어 버리고
얼굴에 미소 짓는 당신
천국에서 부모님을 만나고 있겠지

나비열전

고랑이 긴 채마밭 건너가는 나비는
가벼운 손바닥 위를 스친다
배고픈 사람들에게 밥 퍼 주던 주걱을 닮은
채마들의 푸른 잎 위를
날개 찢긴 줄도 모르고 날아다닌다
가슴앓이는 파꽃 위에서 털어 내고
날개의 상처는 빗줄기로 깁는다
빗방울들의 그 바느질 솜씨에
슬픈 옛 꿈조차 기워지고 있다
비를 헤치고 파닥이는 흰나비
삶은 그렇게 빛나고 아름다운 것이다

감천 냇가에서

옛날 생각을 하며
감천 냇가 방천 둑을 걷노라면

시궁창의 폐수가 물들인
냇가의 검은 돌들
언제부터인가 공장 들어서면서부터
병색 짙은 얼굴이다

물 방망이 소리
분꽃, 봉선화 나눠 심고는
흙 묻은 호미손 씻어 주던 순한 물은
더는 볼 수가 없구나

물 빛깔 변하여 인심도 변해 버린 세상
시궁창 어둔 물줄기를 물끄러미 바라보는 새 떼들
더 이상 은빛 피라미는 보이지 않는다

옛날의 감천,

맑은 냇물 돌아오기를 기다리는 걸까

고사목 인생

산막터 우리 집
마당 끝에 서 있는 고사목
높지 않는 흰 정강이 뼈 세워
바람을 삭이며 서 있다

내 몸 추위에 떨며
너를 바라보는 마음 안쓰러워
가까이로 다가가
흰 뼈에 가만히 손 얹으면
늑골의 자리가 아프다

아플수록 상처는 뜨거워져
너는 규회석을 꿈꾸고 있을까
이쪽에 서 있는 나는 이방인
너의 마음 안쪽 젖은 눈물 더듬는
내 손끝이 붉다

너무도 단단한 세월 앞에
나도 닳고 너도 삭았지만
함께 바람을 다시 헤쳐야 한다

낙원

동해가 바라보이는 언덕 위에
조그만 보금자리
사랑하는 사람과
텃밭에 호박이랑 풋고추 심어
보글보글 된장찌개로 밥상을 차리고

나의 동공엔 그이가
그이의 동공엔 나의 모습이 맺히는
렌즈를 하루에도 몇 번이나 열면서
해풍이 머리카락을 풀고 있는
소나무 숲 사이로 산책도 즐기고 싶어라

가끔씩 친구가 찾아오면
푸짐한 대접을 하고
흰 거품 파도가 주먹질하여도
끄떡하지 않는 방파제

낚싯대 끝에 잡아 올린 싱싱한 활어로
저녁 반찬을 준비해 두고

주름 파도 스쳐 간 우리 황혼
서로 더 애잔하게 보듬으며
휘영청 둥근달이 삼나무 같은 기둥을 세우는 밤이면
달빛 기둥에 기대어 깊은 포옹도 하리
철썩이는 파도 소리에
몽돌이 되어 뒹굴기도 하리

그런 아쉬운 밤 다 지나
다시 먼동이 터 오고 눈부신 햇살이
이마 위에 고추잠자리처럼 앉을 때
생의 지나온 길들을 생각하며
감사 기도를 올리고 싶어라

벌꿀 명상

벌꿀이 담긴 병을 본다
수만 번 날갯짓하던
고단한 노동의 결실인 밤꿀
투명한 병 속에는
긴 목 하늘거리는 코스모스 꽃들
가을에 바치는 사랑이 있고
낮은 산모퉁이 지나
손바닥만 한 고구마 밭떼기 아래
꽃 피운 들국화
두더지 도둑 길 내느라
새끼발가락 뭉개진
국화의 아픔도 있다
사랑도 아픔도 먼 훗날
저렇게 달콤함으로 저며질까
뚜껑 꼭 닫힌 저 병 속
꽃들의 젖무덤 벌의 날갯짓에서 내려놓은

가장 아름다운 노동의 결실
이 모든 슬픔을 꿀로 만든 것을
나는 오랫동안 바라본다

등불

물푸레 나뭇잎 띄우지 않아도
내 마음 늘 푸른 건
시간의 깊이를 더할수록
그 살가운 눈빛이 더 선명하기 때문이다

당신의 그윽한 향기
밤마다 그 향기 별들에게 보내면
헤아릴 수 없는 은하는 빛의 강을 이루고
하늘 포구에 드센 바람이 분다 해도
물빛 젖은 그대 가슴에
백 송이 장미를 안겨 주고 싶다

먼 훗날 그대 침상이 지하로 옮겨질 때
캄캄한 어둠 속 백송이 장미들은
등불 되어 밝혀 주리라

엄마의 목소리

떨어진 나뭇잎으로 제 발등 덮을 줄 아는
나무가 있어 산은 춥지 않겠다
미끄러져 내려오던 산비탈 햇살이
가쁜 숨 돌릴 때
와사락 와사락 낙엽 밟고 뛰노는
어린 노루의 발길 소리 들리는 듯하다

아득한 기억의 저편 징검다리 건너
갈색 잎맥의 창이 열린다
나의 어린 날 엄마가 풀 먹인 광목 이불
호청 다듬이질 장만해서 펴 놓은 듯한 하얀 눈밭
개구쟁이 나의 헛발질로
낙엽 쌓인 구렁에 넘어지던 날
그때도 설이 가까웠을 때였다

송이송이 기억은 되살아나
엄마의 목소리가 눈발처럼 귓전에 맺힌다

술

옹이 항아리 속에 함께 넣어 둔
매실과 설탕이 국자로 떠 보니
술이 되었다
당신 속에 갇힌 나,
오래 두면 술로 변할까
잠 오지 않는 유월의 밤을
따뜻하게 해 줄 것 같은 술
다가갈 수 없는 이별이 그러하듯
영영 떠나보낸 뒤의 추억은
아픔과 쓰라림으로 푹푹 익어
이렇게 맛 깊은 사랑이 되지
오랫동안 비어 있던 독에
잘 익은 술을 한 국자 퍼 올리자
그리움도 달처럼 부풀어 올랐다

더 큰 긍정과 극복의 생철학을 위하여

김 재 홍
(문학평론가 · 경희대학교 명예교수)

1. 새로운 출발을 위하여

주설자 시인의 시집 『가랑잎은 당찬 유목이다』는 주 시인의 시세계를 확실히 보여 주고 있어 주목을 환기하다. 첫 시집 『단풍나무 여자』에서 보여 준 섬세한 서정, 그리고 삶에 대한 진지하면서도 깊이 있는 성찰이 이번 두 번째 시집에서는 더욱 구체화되고 내밀한 정서적 아우라를 획득하고 있는 것으로 여겨지기 때문이다. 목소리를 높이지 않으면서도 삶에서 부딪히는 구체적인 깨달음을 통해 스스로 내상을 치유하고 생에 대한 깊이 있는 깨침을 이끌어내어 독자들과의 공감대를 형성하는 주 시인 특유의 외유내강적 현실 인식과 사람과의 친화력이 돋보여 인상적인 느낌을 준다.

부드러운 듯하면서도 단호하고, 단호한 듯하면서도 너그럽게 사람과 사물을 포용하려는 여장부 같은 기개가 시집을 읽는 재미를 더해 준다. 그러면서도 시편 곳곳에는 운명을 긍정하고 생명을 연민하며 대자연의 섭리에 순응하는 긍정적 삶의 인식과 더불어 언젠가 이 모두 다 두고 떠나야 한다는 비관적 생의 인식이 혼재하고 있어 관심을 환기하는 것이다.

골목길
보도블록 사이로
겨우 발 뿌리 내린 민들레
세상이 어지러워도 곱게 꽃 피운 민들레

원심의 농부가 일하던 밭둑
목 쉰 삶의 노래 불렀을 그곳,
모두 농부에게 내어 주고
좁은 바위 틈 비집고
민들레 한 송이 피어 있다
불평 한마디 없다

삶과 죽음의 차이는 하얀 천 한 장으로

얼굴을 덮는 것인가
남의 것 탐낼 줄 모르고 살아가는
욕심 없는 민들레의 한 생애
그의 무심無心한 얼굴은
하얀 털로 가려져 있다

눈물의 홀씨 가슴에 품고
한생을 건너 하늘 어딘가를 향해
미지의 어느 땅에서 더 곱게 피어날 꿈을 꾸며
민들레, 하얀 수의를 입고
바람 따라 그렇게 먼 곳으로 날아간다

—「홀씨의 꿈」 전문

시인은 비좁은 땅 마다하지 않고 불평 한마디 없이 홀씨를 날리고 싹을 틔우고 꽃을 피우는 민들레를 대견하게 바라본다. 생명에 대한 경이와 찬탄인 셈이다. 그러나 그도 잠시 민들레꽃 배면에 도사리고 있는 죽음 쪽으로 시선을 옮긴다. 황홀한 꽃의 순간은 잠깐이요, 머잖아 하얀 천 한 장에 얼굴을 가린 채 먼 미지의 하늘 어딘가로 떠나가게 되는 것이 목숨 가진 모든 생명들의 운명임을 저항 없이 받아들이고 있는 것이다. 남의 것 탐낼 줄 모르고 욕심 없이 살아온 시인에게 불현듯 다가오는 죽음의 그림자, 그것이 자신을 둘러싼 소중한 사람의 경우라면 어떻겠는가? 얼마나 절망스럽고 고통스럽겠는가? 그럼에도 시인은 조용히 그 사실을 운명

적인 것으로 받아들인다. 눈물의 홀씨 가슴에 품고 미지의 어느 내생에서 더 곱게 꽃피울 것을 소망하는 것이다. 생명력의 원천으로서 이 긍정의 힘이 주 시인의 시를 밀고 나아가는 원동력이 되는 것일시 분명하다. 아울러 시인의 시 속에 유독 죽음의 이미저리가 많이 중첩 노출되어 있는 것은 사랑하는 남편과의 사별에서 오는 깊은 내상에서 연유하는 것 같아 안타까움을 자아낸다.

2. 절망과 희망의 변증법

한 남자 한 여자가 서로 만나 사랑하고 결혼을 하여 아이를 낳고 그 자녀들이 다 성장하고 나면 이제는 늙고 병들어 부부는 어느 한쪽을 먼저 떠나보내고, 어느 시인의 시구처럼 혼자 찬밥처럼 남겨져 먼저 간 아내 또는 남편을 그리워하며 함께 했던 추억을 먹고 산다고 하지 않던가? 이것이 곧 인생의 슬픈 초상화이고, 삶의 본질적 원형성이 아니겠는가? 그러나 이별이 현실이 되고 보면 누구나 주체할 수 없는 슬픔에 몸부림치게 된다. 얼마나 고통스럽고 절망스러웠으면 「님의 침묵」에서 한용운 시인은 "걷잡을 수 없는 슬픔의 힘을 옮겨서 새 희망의 정수박이에 들어붓는다" 하며 그러한 고통과 절망을 이겨 내려 몸부림쳤겠는가. 슬픔을 희망으로 바꾸는 그 터닝 포인트로 넘어가기 위해서 얼마나 많은 절망과 갈등의 소용돌이와 질곡을 굽이굽이 넘어서야 하겠는가?

단풍잎 하나
가지 끝에 매달려 흔들리고 있다

떠나기 싫어하던 당신,
붉은 눈빛이 거기 있다
세상이 온통 캄캄해지던 그날
이제 슬픔은 내 몫이라며
혼자 돌아서 울음 삼키던 나의 하늘,

찬 겨울은 아직 저 멀리에 있는데
왜 하필 당신이어야 하느냐고
바람아, 가냘픈 단풍잎 하나
그냥 내버려두면 안 되겠느냐고
몸부림치는 나를 오히려 다독이던 당신,
그 속울음 속에서 내 비통의 언어는
아무런 의미가 되지 못했던 시절이 있었나

하늘로 뻗어 올린 가지들 사이
이제 당신은 없고
뿌리 끝을 잡고 매미 허물 하나
아슬아슬 삶을 붙잡고 있다

몸이 빠져나간 자리는 윤회의 경전이다

―「바람의 껍질을 읽다」 전문

시인은 사랑하는 사람의 목숨이 위태로이 흔들리고 있는 절명의 순간을 마주하면서 절규하며 몸부림친다. 하늘이고, 세상의 전부였던 그 사람, 그런 사람의 생의 끝자락을 지켜보는 것이 얼마나 큰 고통이고 아픔일지 경험해 보지 않고서는 그 어떤 말도 할 수 없을 것이다. 어느 죽음인들 눈물 없이, 고통 없이 받아들일 수 있겠는가. 세상에 단 하나뿐인 남편이고 아내의 죽음일진대 어찌 관념적으로만 이해할 수 있을 것인가? 시인은 왜 하필이면 당신이어야 하느냐고, 가냘픈 단풍잎 같은 그를 내버려두면 안 되겠느냐고 슬픈 운명 앞에 항거하고 있다.

그러나 어찌 인간이 죽음이라는 운명의 수레바퀴를 거꾸로 바꾸어 돌게 할 수 있겠는가? 남편의 죽음 앞에 아무것도 해 줄 수 없는 자신의 무능을 깨닫고 절망할 뿐이다. 이제 시인은 남편과의 이별과 앞으로의 부재를 인정하며 나뭇가지를 붙잡고 간신히 매달려 있는 매미 허물 같은 자신의 목숨을 바라본다. 그러나 시인의 근본 시각이 비극적이거나 절망스럽지만은 않아서 참으로 다행스럽다. 몸이 빠져나간 자리는 곧 다시 윤회할 것이라고 보고 있기 때문이다. 주 시인의 시세계 전반을 형성하고 있는 상실과 허무의식은 바로 이러한 죽음을 몇 차례 통과시키고 난 빈자리에서 비롯된 것으로 보인다. 그러나 시인은 허무를 극복하기 위해 무던히 자신을 뒤집어 보고 다시 채찍질하고 있다. 자신의 정체성 찾기 또는 뿌리 찾기의 노력이 바로 그것이다.

3. 고향 상실과 회복의 꿈

신토불이身土不二란 말이 있지 않던가? 몸과 땅은 둘이 아니라 하나라는 뜻이다. 그만큼 우리는 자신이 나고 자란 환경으로서 '고향'의 영향을 많이 받는다는 뜻이 되겠다. 고향은 공간인 동시에 태어나고 자라 가는 시간이며 시간인 동시에 또한 육화된 혼의 공간에 해당한다. 이 세 가지들은 서로 분리해서 생각할 수 없는 불가분의 관계에 놓인다. 다시 말해 인간의 육체와 정신이 형성될 때 필연적으로 고향 또는 환경의 영향과 지배를 받는다는 뜻이 되겠다. 그래서 우리는 흔히 고향을 또 다른 어머니라고 하지 않던가.

시인의 시편들에 자신의 뿌리, 즉 고향 성주에 대한 애착이 유독 애틋하게 드러나 있는 이유도 그런 까닭이다. 상실과 허무를 극복하기 위한 처절한 자기투쟁의 한 맥락이라고 할 수 있는 것이다. 허무의 근원을 깨닫고 직시할 때 그것을 회복할 수 있는 길도 있다는 것을 시인은 깨달은 것이리라. 시인은 자신이 나고 자란 고장 시냇가에 공장 폐수가 흘러들고, 어린 시절 머리를 감고 빨래를 하던 빨래터의 오염돼 가는 물을 바라보며 마음이 편치 못하다. 변해 가는 고향의 모습과 자신을 등가화해 바라보고 있기 때문이다.

옛날 생각을 하며
감천 냇가 방천 둑을 걷노라면

시궁창의 폐수가 물들인
냇가의 검은 돌들
언제부터인가 공장 들어서면서부터
병색 짙은 얼굴이다

물 방망이 소리
분꽃, 봉선화 나눠 심고는
흙 묻은 호미손 씻어 주던 순한 물은
더는 볼 수가 없구나

물 빛깔 변하여 인심도 변해 버린 세상
시궁창 어둔 물줄기를 물끄러미 바라보는 새 떼들
더 이상 은빛 피라미는 보이지 않는다

옛날의 감천,

맑은 냇물 돌아오기를 기다리는 걸까

—「감천 냇가에서」 전문

“분꽃, 봉선화 나눠 심고는/ 흙 묻은 호미손 씻어 주던 순한 물은/ 더는 볼 수가 없구나”라며 시인은 한탄한다. 변해 버린 고향의 물 빛깔, 달라져 버린 세상인심, 시인은 이제 고향에 돌아와도 내 그리던 고향은 아니라던 정지용 시인의 심정이 되어 고향 상실의 노래를 부르며 고향 회복, 낙원 회복을 꿈꾸고 있다.

시인에게 고향 상실은 곧 나, 즉 자아 상실이자 주체성의 상실을 의미하기 때문에 시인에게 고향을 회복한다는 것은 곧 ‘나’를 회복한다는 뜻이 된다. 빨랫방망이 소리 들리고 아낙들이 비녀머리를 감던 감천, 흙 묻은 호미손 씻어 주던 감천의 맑은 냇물로 다시 돌아오기를 간절히 소망하는 것은 바로 순수했던 지난 시절, 본래의 자아로 돌아간다는 원형 회복, 낙원 회복의 갈망을 의미한다고 볼 수 있다. 그렇다면 순수하다는 것은 무엇을 의미할까? 그것은 신이 인간을 이 땅에 보낸 본래의 모습과 목적대로 살아가는 것을 의미하는 것이 아니겠는가.

이렇게 본다면 시인의 고향 회복의 꿈, 순수한 자신의 회복 의지, 즉 자기 정체성과 동일성을 회복하겠다는 의지로 보인다.

내 고향 성주의
얼어붙은 냇물
빙판의 오리들이
발 시리다
오리들이 혹한에 떨며
설화를 그린다

봄이 그리워
연둣빛 새싹, 꿈을 그린다
뒤뚱뒤뚱 걸음마다
겨울의 풍경화가 그려진다

—「겨울 풍경화」 전문

시인의 시선은 온통 고향, 성주 땅에 함몰되어 있다. 얼어붙은 시냇물, 빙판의 혹한 속에서 뒤뚱이며 성주의 봄을 기다리고 있는 오리의 꿈속에서 시인은 고향 성주의 봄, 즉 고향 회복의 꿈을 바라보고 있는 것이다. 비록 지금은 인심 좋고 물 맑은 그 옛날 그대로의 고향 성주는 아니지만, 머잖아 다시 연둣빛 새싹 파릇파릇 싹을 틔우는 희망의 고향으로 회복되리라 확신하고 있다는 뜻이 되겠다. 고향 회복의 꿈은 곧 시인 자신 그리움 회복이고, 고향 성주가 봄꿈을 꾼다는 것은 시인 자신이 봄꿈을 꾼다는 것, 즉 낙원 회복에 대한 갈망과 지향을 의미하기 때문이다. 시인과 고향은 곧 한 몸을 이루고 있음을 의미한다.

이처럼 시인과 시심의 근원은 자신이 나고 자란 고향 땅에 젖줄을 두고 있으며 단단히 고착되어 있다. 나무가 땅에 단단히 뿌리를 내리고 있으면, 그 나무는 건강하게 잘 자랄 수 있는 것처럼, 시인의 고향에 대한 강한 애착은 시인의 영혼을 더욱 건강하고 풍성하게 만들어 주게 된다. 결국 뿌리에 대한 시인의 견고한 사랑과 신뢰는 고향 사랑을 통해 구체화되고, 육친에 대한 그리움을 통해 더욱 심화 · 확대되어 나타난다.

4. 어머니 사랑 또는 모성 콤플렉스의 의미

주설자 시인의 시 읽기에서 빼놓을 수 없는 또 한 가지는 바로 어머니에 대한 사랑과 그리움이 나타난다는 점이다. 부르기만 해도 가슴이 찡하고 전율이 이는 그 말, 어머니! 이제 시인도 자녀들의 어머니, 할머니로 살아온 세월이 만만치 않을 텐데 친정어머니는 아직도 시인에게 눈물이고 그리움으로 작용한다. 다시 말해 시편들에서 원천적인 어머니 콤플렉스가 작용하고 있는 것으로 보인다는 뜻이다.

어머니!
마음속으로 불러 보는 그 이름
가슴이 찡하고 아린 전율 온몸을 감싸면
내 마음은 한사코 고향을 그리워한다

어릴 적 어머니 손잡으면
마음 든든하였던 기억
이제는 팔순의 어머니 이 딸이 옆에 있으니
입가에 환히 미소 머금으신다

받은 은혜 조금이나마 보답하려 하지만
물은 아래로만 흐르는 걸까
어머니에게 받은 기도와 은혜
자식들에게 흘려보내고
어머니의 그리움 내 가슴 풍선 되어
먼 하늘로 올려보낸다, 오늘도

—「친정어머니」 전문

그렇다! 어머니란 단어는 이 세상 그 어떤 말보다 따뜻하고 감동적이며 눈물 어린 말에 해당한다. 배고프고, 여러 일들이 잘 안되어 힘들고 방황할 때 나도 모르게 무의식적으로 튀어나오는 말이 바로 어머니란 그 말이 아니던가? 시인은 아직도 '어머니' 생각만 해도 아린 전율이 온몸을 감싼다고 술회한다. 고향이라는 낙원이 그리워진다고도 한다. 그것은 우리 삶의 근원이 바로 어머니, 즉 고향이란 뜻이 아니겠는가? 어릴 적 어머니 손잡으면 마음 든든하였던 그 딸이 이제 팔순이 되어 딸에게 의지하고 있다. 딸이 함께 있으면 입가에 환한 미소가 머금어진다. 그러나 어머니에게서 태어난 딸은 아무리 해도 어머니보다도 이젠 자식이 먼저인가 보다. 그 옛날 어머니가 주신 기도와 사랑을 시인은 어쩔 수 없이 자식들을 향해 흘려보내면서 어머니의 사랑을 다시금 깨달으며 미안하고 송구한 감정이 드는 것이다.

시인이 남편을 떠나보내는 큰 상실 체험을 겪었으면서도 삶을 긍정하고 적극적으로 개척해 성공적으로 만들어 가는 원천적 힘은 바로 이러한 근원으로서 어머니의 사랑을 풍부하게 받은 것에서 연유한다고 볼 수 있다. 그런데 다음 시편을 보면 이제 시인의 어머니는 이승을 떠나고 현실에 부재한다. 그러기에 시인은 어머니가 만들어 주시던 음식 속에서 어머니를 만나볼 수밖에 다른 도리가 없다.

> 딸아이가
> 가슴에 달아 주는
> 카네이션 물끄러미 보노라니
> 내 어린 날 듣던 앞마당 닭 울음소리가
> 문득 귓전에 들려오네
> 힘든 고택 살림 잘 견디고

홀로 꿋꿋이 살아오신 어머님께
나 오늘 아기처럼 재롱도 부려 보네
언제였던가
저녁나절 지붕에 걸린 노을이 그러하듯
연한 살점이란 살점 다 자식에게 모조리 떼어 주고
서둘러 이승 떠나신 한참 뒤에야
나 그 큰 사랑 느끼네
이승에선 도저히
그 사랑 못 갚는다는 걸 느끼네
가슴의 카네이션을 보노라니
푹 고아 낸 씨암탉을
아침 인편에 솥째로 보냈다던
어머니의 그리운 음성이
지붕 너머로 들려오네

—「카네이션」 전문

딸아이가 달아 주는 카네이션을 보며 시인은 어린 시절을 떠올린다. 그곳엔 힘든 고택 살림을 홀로 견뎌 내고 있는 어머니의 영상이 살아 있다. 시인은 살점이란 살점 다 자식에게 떼어 주고 이승을 떠난 어머니의 사랑을 어머니 가신 후 뒤늦게 깨닫고 회한과 그리운 정에 사무치는 것이다. 씨암탉을 고아 솥째 보내주셨던 어머니, 그 어머니의 음성과 체취를 시인은 지금 생생하게 느끼고 있는 것이다. 아기처럼 재롱부리고 싶다는 구절에서 이미 어른이 되어 살아가는 시인의 녹록찮은 삶의 고투와 역정이 리얼하게 살아난다. 자녀들은 부모님의 슬하, 즉 무릎 앞을 떠나는 순간, 폭풍우 치는 생의 벌판을 홀로 헤쳐 나가야 한다. 시인도 그래야만 했을 것이 분명하다. 그렇다 보니 자연히 상처도 수없이 입었을 것이고 그때마다 어머니 앞에서 재롱부리던 어린 시절이 애절하게 그리워졌을 것이다. 그리움이 많고 깊다는 것은 상실과 회복의 꿈이 그만큼 많고 깊다는 것을 의미한다.

사람은 보통 현재 곁에 있는 존재를 그리워하지는 않게 마련이다. 지금의 삶 속에 존재하지 않는 부재중인 대상을 그리워하는 것이 인지상정이고 본원적인 모습이다. 그렇기에 남편과 사별하고, 어머니를 먼저 떠나보낸 시인에게는 자연히 그리움이 많고 깊을 수밖에 없다. 그래서 시인은 때때로 외로워하고 눈물이 깊은 것이다. 자식들이 옆에서 잘하면 잘할수록 새삼스레 먼저 간 어머니가 생각나고, 너무 일찍 떠난 남편이 그리울 수밖에 없다. 그 그리움의 힘으로 시인은 다시 삶을 긍정하며 허무를 극복하고 생에 대한 외경심과 삶에 대한 의욕을 회복하고 있음이 자명하다.

5. 달관과 초극의 생철학을 위하여

주 시인이 사람과 사물을 바라보는 시각은 늘 따뜻하고 인정스럽다. 그의 성품이 소박하고 성실하기 때문이리라. 터무니없는 허욕을 부리지 않고 제 분수를 지킬 줄 아는 겸손과 양보의 미덕을 지니고 있다. 일확천금을 꿈꾸지도 않으며 공주가 되리라는 허황된 욕망에 들떠 시간을 허비하거나 삶을 탕진하지도 않는다. 세월이 할퀴고 간 비바람에 상처 입고, 까맣게 속 타며 평범하게 살아가면서도 그 인고의 역정과 의미를 되새기고 있을 뿐이다. 아울러 한 걸음 더 나아가 그것을 긍정과 달관으로 초극해 내고자 갈망하고 있다. 따라서 시인의 시에는 시인의 지난 삶의 역정이 은유적으로 녹아 있게 마련이다.

금 간 시멘트 포장길
틈바구니에 핀 민들레에게
꽃 피우기까지의 이야기를
시린 귀로 듣는다
뿌리 자리가 비좁지 않느냐고
내가 묻자
먼 곳에서 묻혀온 소식을
바퀴들이 전해 주는 이곳
길옆이 가장 좋은 자리임을

소곤소곤 들려주는 민들레
가끔 빗물이 날라다 주는 물로
목 축이고 산다는 민들레
벅찬 끈 놓을 수 없었던 나는
살아 있는 것이 다 희망이 아닌
생존의 궁핍한 조건일지라도
저 꿋꿋한 민들레 앞에서
욕망들 하찮은 것임을 배운다
꽃을 피우는 것이
나의 희망이다

—「민들레에게 배운다」 전문

주 시인의 소박하면서도 꿋꿋한 자화상을 연상케 하는 이 시에는 시인의 생철학이 잘 형상화돼 있어 주목을 환기한다. 돌은 구르고 굴러야 둥글어지고, 많이 구를수록 오히려 둥글어지는 것이 사실이다. 그리고 둥근 돌은 누구의 생명도 위협하지 않는다. 시인은 이처럼 둥근 돌의 형상을 지향하며 살아가고자 노력한다. 아니 어쩌면 이미 둥근 돌이 되어 살아가고 있는지도 모른다. 고달픈 목숨을 살아가느라, 이리 구르고 저리 굴려 다니느라 개성적이고 자유분방하던 완강한 자아는 다 깎여 나가는 모습이다. 삶의 비바람이 몰아치면 몰아치는 대로, 파도가 몰려오면 몰려오는 대로 세월의 풍파에 몸을 맡기고 운명에 순응하며 살아가고자 하는 체념과 달관으로서 순응의 인생관이 드러나 있다. 무엇에도 욕심부리지 않으며, 자신이 처한 자리에 불평하지도 않고 묵묵히 주어진 삶을 살아가고자 하는 시인의 양심선언과도 같은 위의 시는 우리들에게 경건한 삶의 한 깨침을 제공해 줄 것이 분명하다. 삶과 시가 분리되지 않고 일체를 이루는 한 전범을 보여 준다는 점에서 주 시인의 시가 의미 있다고 하겠다.

6. 인간 회복과 낙원 지향성

아울러 주 시인의 시에는 지속적으로 고향회복과 인간회복을 통해 자기 극복과 초월을 이루고자 하는 낙원 지향성이 나타나고 있어 관심을 환기한다.

겉흙은 강한 햇볕에 그을린 빛깔
안으로 깊어질수록 분홍이다
곡괭이 날과 부딪힌 돌멩이는
이따금 날카로운 불꽃도 일으킬 줄 안다
가만히 생각해 보면
땅을 파는 일도 하나의 법칙
지상으로 끌려 나온 흙을 한참 바라본다
제 몸 버리고 마음까지 상해 가면서
길조차 잃고 허둥대면서

나는 여기까지 왔다

—「귀향 · 1」 전문

시적 정황으로 보아 시인은 오랫동안 타향을 떠돌다가 이제 고향으로의 원형 회귀를 계획 · 실천하고 있는 듯하다. 생업으로서 유치원 경영과 소망의 실현으로서 시 쓰기가 바로 그것이다. 표면적으로 보면 시적 화자가 고향으로 돌아가서 하려고 하는 중요한 일 중의 하나가 흙을 파고 나무를 심으려는 것처럼 보인다. 흙을 파고 나무를 심는다는 것은 무엇을 의미하는가? 보통 한 그루의 나무를 심는다는 것은 새로운 미래를 꿈꾼다는 뜻으로 이해된다.

그렇다면 시인이 바라는 새로운 미래 또는 희망의 세계로서 유토피아는 과연 어떤 것일까? 비록 강한 세월의 파도에 부대끼고 삶의 뜨거운 햇볕에 그을리면서 날카로운 절망과 고통의 곡괭이 날에 찍힐지라도 생의 순수성을 잃지 않고 지켜 가고자 하는 것이 바로 시인이 지향하는 귀향의 이유라고 볼 수는 없겠는가?

시인은 자신이 파헤쳐 놓은 흙을 물끄러미 바라보며 지나온 삶을 돌아본다. 몸 버리고 마음까지 상해 가면서 살아온 세월들, 때로는 어디로 가야 할지 몰라 길 잃고 허둥댔던 그 아픈 지난 삶의 편린들이 꼭 지금 자신이 나무를 심기 위해 파헤쳐 놓은 흙의 모습만 같아 시인은 또 다른 서러운 감회에 젖어 든다. 한 그루 나무를 심겠다는 시인의 새로운 다짐 속에 우리는 시인의 새로운 시적 각성과 서정적 깊이를 획득하기 위한 치열한 자기 고투와 노력이 깔려 있다는 것을 믿어 의심치 않는다. 그만큼 시인 자신이 살아온 날들이 고달팠고 그 역정이 온갖 신산으로 가득찼다는 뜻이 될 수도 있으리라. 주 시인의 다음 새 시집이 벌써 기대되는 이유도 바로 이 때문일 것이다.

바로 이 점에서 궁극적으로 고향 회귀의 꿈은 자기 정체성 회복의 열망이고 인간 회복의 꿈이 될 수밖에 없음이 자명해 진다. 사실 시인들이 시를 쓴다는 것 자체가 이미 고향 회복의 꿈이자 자기 정체성 및 인간 회복의 열망 그것이 아니겠는가.

7. 맺음말

시인의 시를 읽다 보면 그 시를 쓴 시인이 평소에 어떤 생각을 하고, 어떤 이상을 지니고 살아가며 궁극적으로 무엇을 실현하려 하는지 추리해 볼 수 있다. 주설자 시인의 경우 이 말은 특히 적절하다. 유치원 교육의 한 핵심인 우리나라 몬테소리 교육의 한 개척자 시인으로서 직접 교재를 만들고, 유치원을 운영하는 원장으로

서 누구보다 열심히 살아온 시인, 그러면서도 누구보다 따뜻한 심성의 소유자인 주 시인의 성실하고 착한 마음이 시편 곳곳에 물결치고 있어 시를 읽는 내내 감동을 주는 까닭이다. 다만 아쉬운 점은 서정적 은유가 내면적 상징과 사유의 깊이까지 도달하기에는 다소 한계가 느껴진다는 점이다. 무엇보다도 사색의 깊이가 인간 본성 탐구와 근원적 사유에 파고들어서 생철학을 체계화하는 깊이에까지 이르기에는 아직 미흡한 점이 발견된다. 그만큼 지금도 그의 삶이 현재진행형이고 미래완료형의 성격을 지닌다는 뜻이 되겠다.

그렇다! 그의 시는 그의 삶이 현재 진행 중인만큼 현재진행형이고 미래완료형의 성격을 지닌다. 바로 이 점에서 그의 시가 긴장미학을 지속하고 있으며 또 그렇기에 읽을 만한 서정적 탄력을 유지하고 있는 것이다. 그의 삶이 아직 팽팽하고 시력 또한 만만치 않기에 그의 시에 대한 전망은 밝고 희망적이다.

앞으로 더욱 견고한 서정성을 획득하고 심미적 서정성의 깊이를 심화해 간다면 그의 시는 더욱 빛나고 향기로워질 것이 분명하다. 주설사 시인의 새로운 출발을 기대하면서 앞날의 힘찬 출발로서 새 시에 대한 희망을 걸어 본다.

시인 주설자

경북 성주 출생
영남대학교 교육대학원 졸업

문학

『시와시학』신춘문예 시 당선
『문장』시 신인상
『영남문학』수필 신인문학상
시집 『단풍나무 여사』발간
동시집 『말하는 신호등』발간
아동문예문학상(동시)
한국글사랑문학 대상 수상
자랑스러운 성주인상(교육문화)
『시와시학』 시인회 부회장
대구문인협회 부회장
『문장』작가회 부회장
대구시인협회, 가톨릭문인회 회원

교육 및 수상

전 대한몬테소리협회 회장
대구가야유치원 설립자 및 원장
특히 유치원의 중요한 교재교구에 관심을 가져
전국교재전시회 출품(특상 1등급 문교부 장관상 수상)
전국특수유아분야(2등급상 대한교육연합회 회장상 수상)
전국특수유아분야(3등급상 한국교원단체총연합회 회장상 수상)
특상 총10회(대구시 교육감상 수상)
단체최우수상 총 9회(대구시교육감상 수상)
교육부장관 표창상(창의적 교육활동)
대구시 교육감 표창 총3회 수상
이 외 우수상, 장려상(총 25회 수상)

가랑잎은 당찬 유목이다

지은이 | 주설자
펴낸이 | 김재은
펴낸곳 | 도서출판 시학사
1판1쇄 | 2015년 7월 5일
출판등록 | 2015년 5월 14일
등록번호 | 제300-2015-83호
주소 | 서울 종로구 혜화로3가길 4(명륜1가)
전화 | 744-0110
FAX | 3672-2674
값 10,000원

ISBN 978-89-94889-90-0 03810